Wolfgang Amadeus Mozart

**Der Schauspieldirektor - komische Oper in 1 Akt**

Wolfgang Amadeus Mozart

**Der Schauspieldirektor - komische Oper in 1 Akt**

ISBN/EAN: 9783743644342

Hergestellt in Europa, USA, Kanada, Australien, Japan

Cover: Foto ©Thomas Meinert / pixelio.de

Weitere Bücher finden Sie auf **www.hansebooks.com**

# Der Schauspieldirektor.

## Komische Oper

in 1 Akt

von

# W. A. MOZART

### Klavierauszug.

6776

LEIPZIG
C. F. PETERS.

F. Baumgarten del.

# INHALT.

Edition Peters.                    6776

# Der Schauspieldirektor.

## Ouvertüre.

W. A. Mozart.
K. V. 486.

Allegro assai.

8776

6776

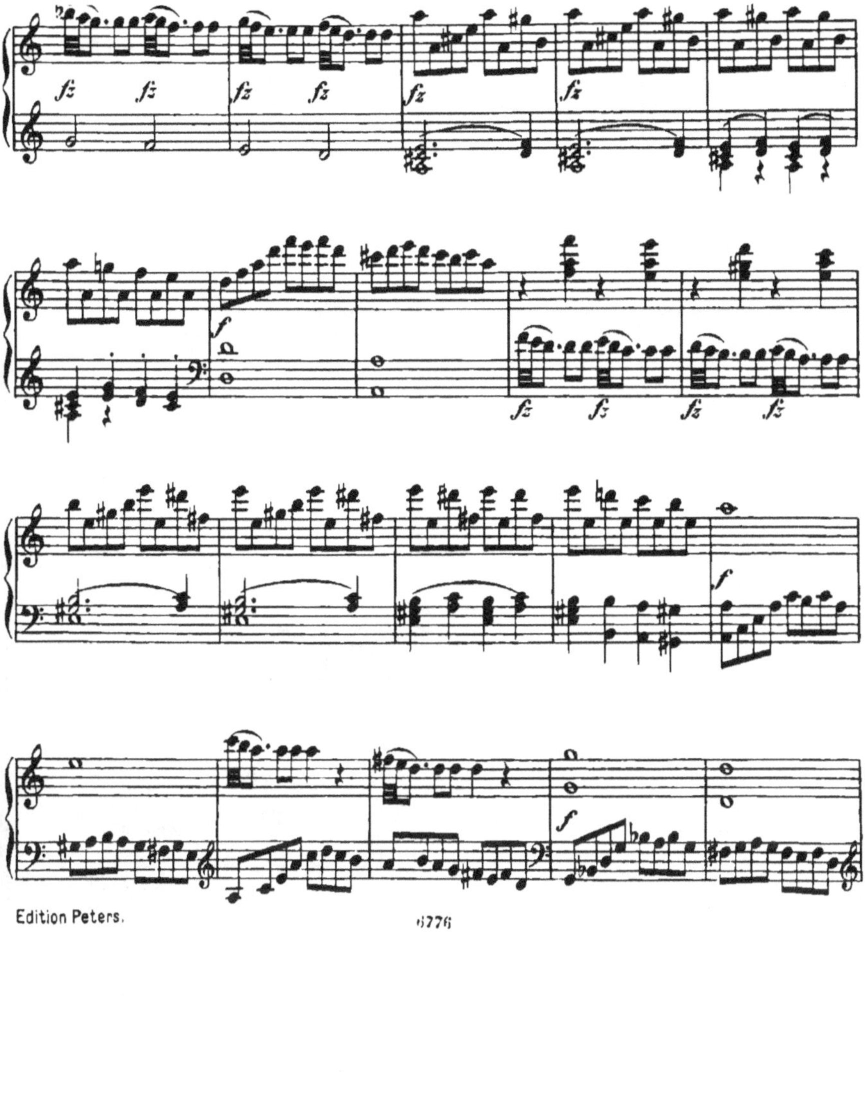
fz
fz
fz
fz
fz
fz
f
fz
fz
fz
fz
f
f

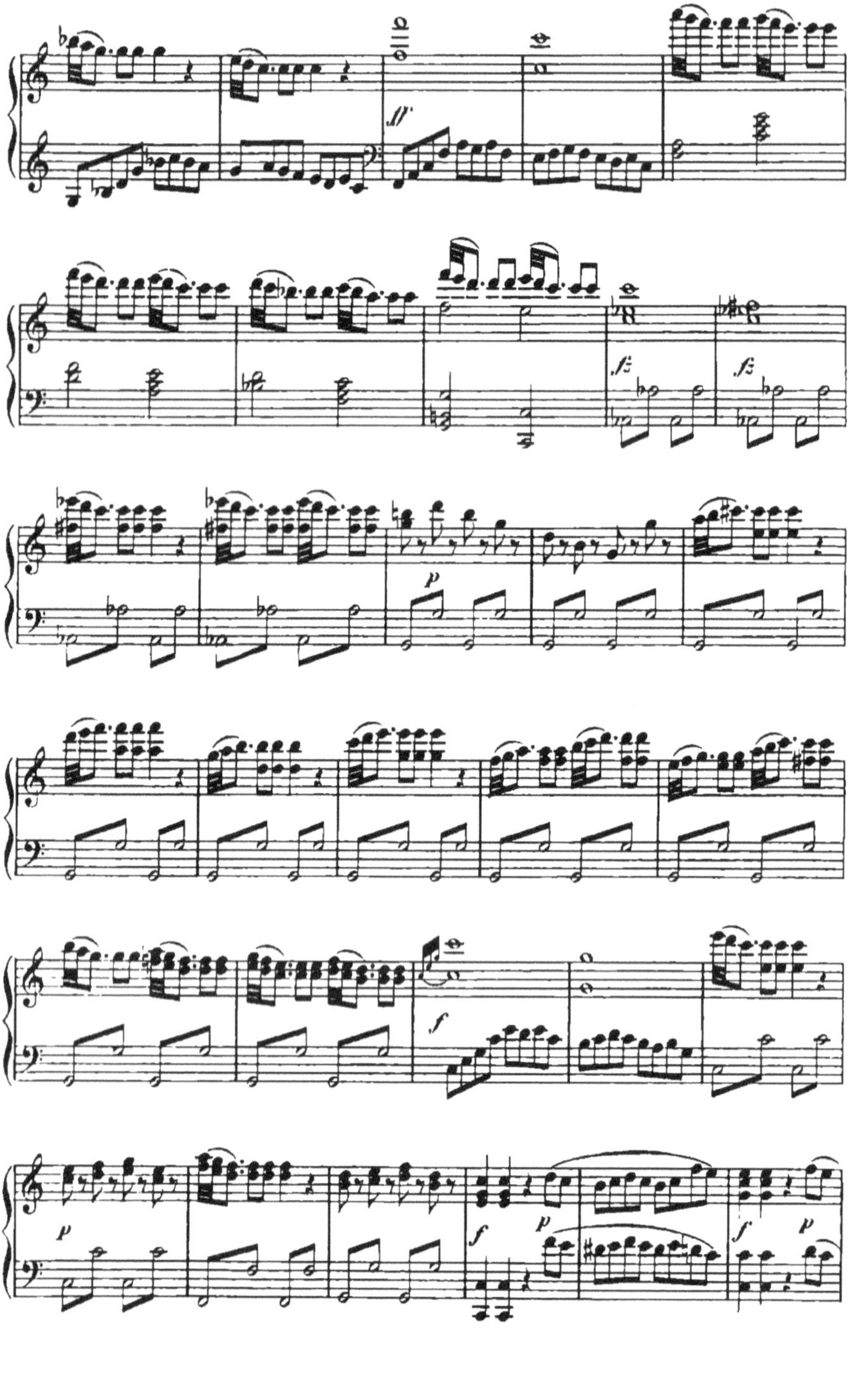
ff
fz
fz
p
f
p
f
p
f
p

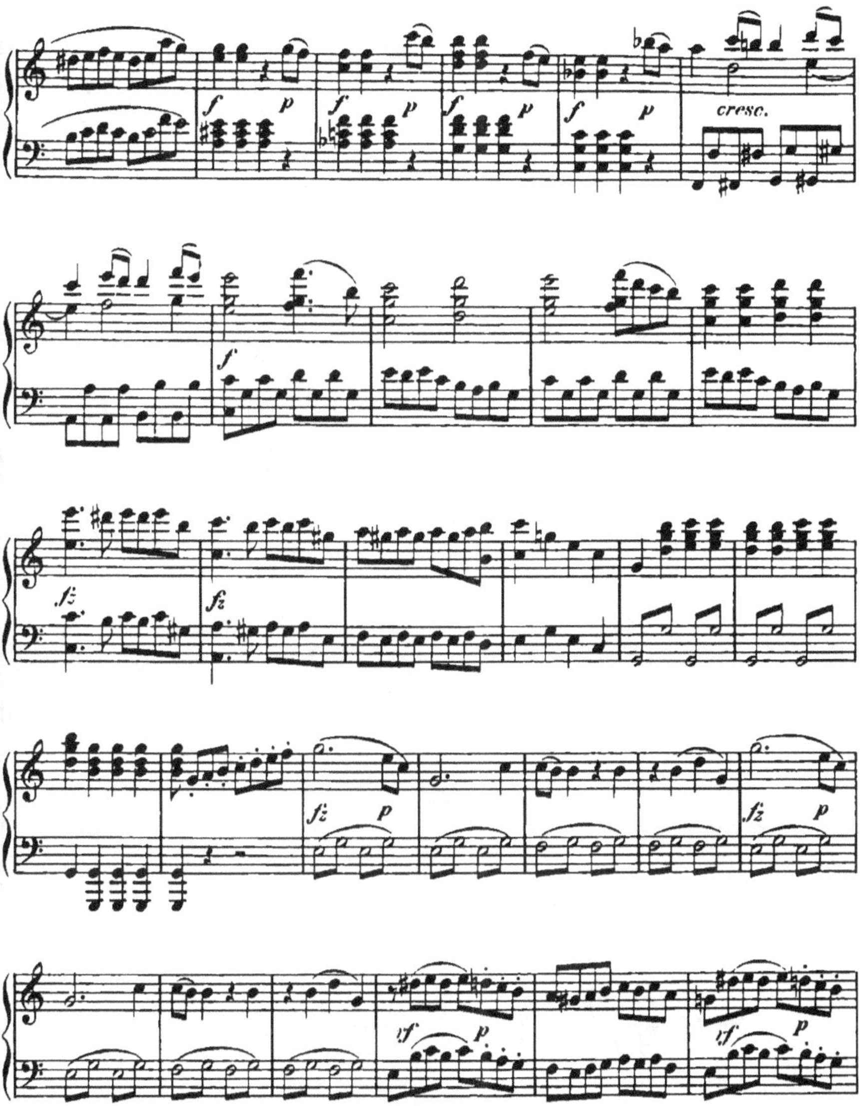
cresc.

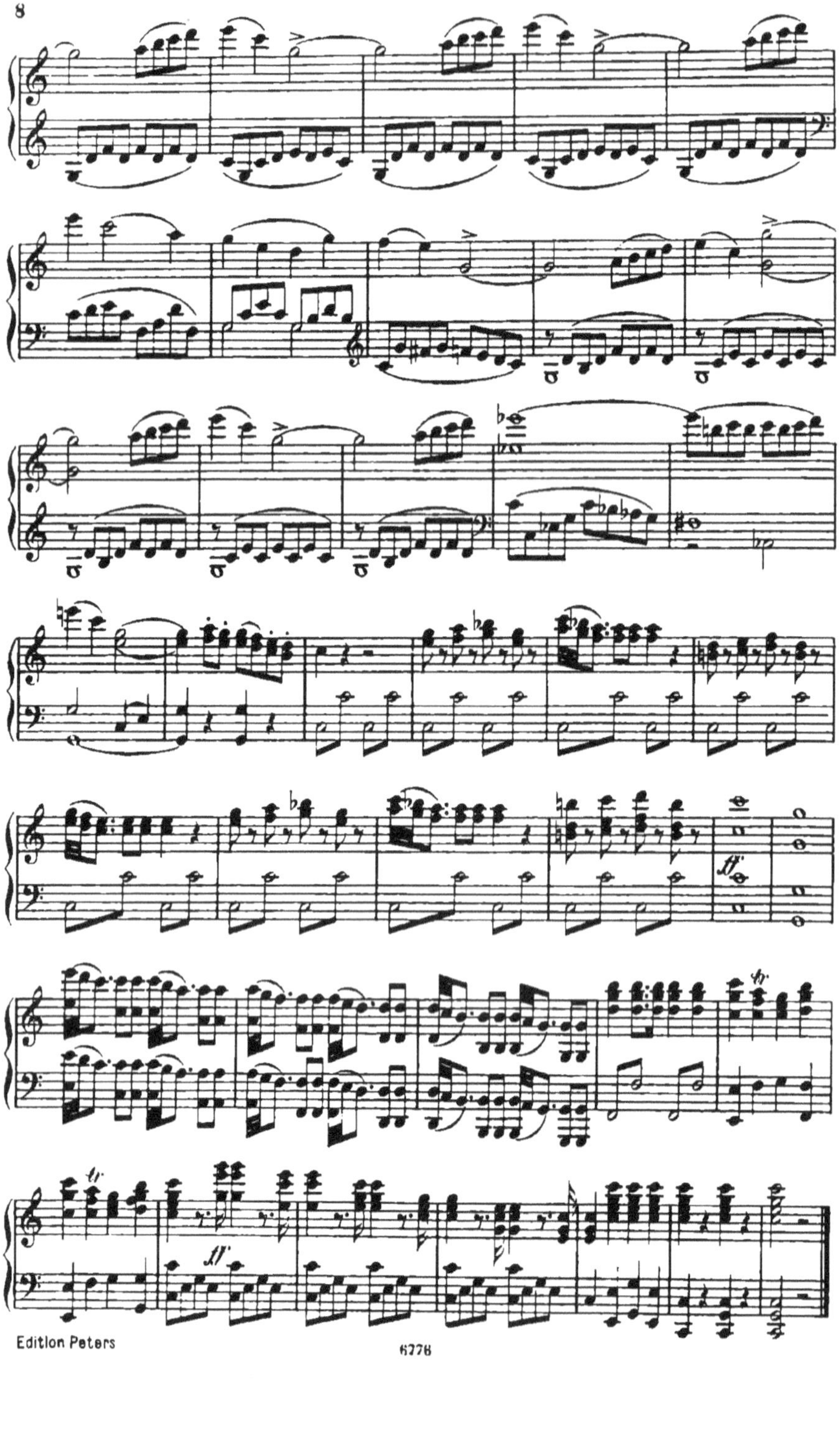
ff
ff

## Ariette.

**Larghetto.**

J.

**Madame Herz** (Sopran).

Da schlägt die Abschieds-stun-de, um grau-sam uns zu trennen, um

grausam, um grau-sam uns zu trennen; wie werd' ich le-ben kön-nen, o

Da - mon, oh-ne dich, oh-ne dich?

Ich will dich be-glei-ten, im Geist dir zur

Sei - ten schwe - ben um dich, — schwe - ben um

dich. Und du, und du, vielleicht auf ewig vergisst dafür du

mich, und du, viel - leicht vergisst du mich? Doch nein! wie fällt mir so was ein?

Du kannst ge - wiss nicht treulos sein, ach nein, — ach nein,

du kannst ge - wiss nicht treu-los sein, nicht treu - los sein, nicht treu - los

**Allegro moderato.**

sein. Ein Herz, das so der Abschied kränket, dem ist kein

Wan-kel-muth be-kannt, kein Wan - - kelmuth be-kannt! Wo-hin es

auch das Schick - sal lenket, nichts trennt das fest ge - knüpfte

Band, nichts trennt _____ das fest geknüpf - te

Band, _____

_ nichts trennt das fest _ geknüpf - te Band, _ das fest ge - knüpf - _te

Band, _

_ nichts trennt das fest _ ge-knüpf - te Band, _ das fest ge -

knüpf - te Band; wo - hin es auch das Schicksal lenket, nichts

trennt das fest geknüpfte Band, das fest _ ge - knüpf - te Band.

# Rondo.

**Andante.**

Mademoiselle Silberklang (Sopran).

Bester Jüngling, mit Ent-

zü - cken nehm' ich dei - ne Lie - be an, da in dei - nen hol - den

Bli - cken ich mein Glück ent - de - cken kann, ich mein Glück ent - de - cken

kann. Aber ach, wenn düstres Leiden uns-rer Lie - be fol - gen

6778

soll, uns-rer Lie - be fol - gen soll, loh-nen dies der Lie-be

Freuden, der Lie - be Freu-den? Jüng - ling, Jüng - ling,

das be-den - ke wohl! loh-nen dies der Lie-be

Freuden? Jüng - ling, das be-den-ke wohl, das be-den-ke

wohl! Be-ster Jüng-ling, mit Ent - zü-cken nehm' ich dei-ne Lie-be

- nen holden Bli - cken ich mein Glück ent-de - cken kann, ich mein

**Allegretto.**

an. Nichts ist mir so werth und

als dein Herz und dei - ne

Herz und dei - ne Hand.

cresc.

rein - sten Lie - bes - feu - er geb' ich dir mein Herz zum

Pfand, geb' ich dir mein Herz zum Pfand, _____

_____ geb' ich dir mein Herz zum

Pfand; geb' ich dir mein Herz zum Pfand, mein Herz zum

Pfand.

# Terzett.

**Allegro assai.**

**Mademoiselle Silberklang.**

Ich bin die er- ste Sän- ge- rin,

**3.**

*p*

**Madame Herz.** ( spottisch )

Das glaub' ich ja, das glaub' ich ja,

ich bin die er- ste Sän- ge- rin!

nach Ih- rem Sinn.

Ich will es

Das sol - len Sie mir nicht be - strei - ten!

*sfp* *sfp* *sfp* *sfp* *p*

Ih- nen nicht be - strei - ten.

Das glaub' ich

Ich bin die erste Sän- ge- rin,

**Monsieur Vogelsang** (Tenor).

Ei, las- sen Sie sich doch be - deu - ten, las- sen

ja, nach Ih - rem Sinn.
ich bin die er - ste Sän - ge - rin! Das sol - len
Sie sich doch be - deu - ten! Ei, ei, so las-sen
f p f p
Ich will es Ih-nen nicht be - strei - ten, ich will es Ih-nen nicht be -
Sie mir nicht be - strei - ten, das sol - len Sie mir nicht be -
Sie sich doch be - deu - ten, ei, ei, so las-sen
f p f p f p
strei - ten, ich will es Ih - nen nicht be - strei-ten, nicht be - strei - ten!
Strei - ten, das sol-len Sie mir nicht be - strei-ten, nicht be - strei - ten!
Sie sich doch be - deu - ten, las - sen Sie sich doch be - deu - ten!
f p cresc. f

**Mad. Herz.**

Ge - wiss, ich ha - be Ih - res Glei-chen noch nie ge - hört und nie ge -

stehn.

sehn.

**Mons. Vogelsang.**

Was wol - len Sie sich erst ent - rü - sten, mit ei - nem lee - ren Vor - zug

brüsten? Ein Je - des hat be - son - dern

*cresc.*

Mad. Herz.
Gewiss, ich habe Ihres Gleichen noch nie gehört und nie gesehn, gewiss, ich habe Ihres Gleichen noch nie gehört und nie gesehn, gewiss, ich ha-
Madem. Silberklang.
Ich bin von Keiner zu erreichen, nein! das wird mir Jeder zugestehn, zugestehn, ich bin von Keiner zu erreichen, das wird mir Jeder zugestehn, ich bin von
Mons. Vogelsang.
Werth. Was wollen Sie sich erst entrüsten, mit einem leeren Vorzug brüsten? was wollen Sie sich erst entrüsten, mit einem leeren Vorzug brüsten? Ein Jedes
tr
f
p

be Ih - res Glei - chen noch nie ge - hört und nie ge -

Kei - ner zu er - rei - chen, zu er - rei-chen, das wird mir Je - der zu-ge -

hat be - son - dern Werth, be - son - dern Werth, be - son - dern

sehn, gewiss, ich ha - - be Ih - res Glei - chen noch nie ge - hört und

stehn, ich bin von Kei - ner zu er - rei - chen, zu er - rei-chen, das wird mir

Werth, ein Je - des hat be - son - dern Werth, be - son-dern Werth, be -

nie ge - sehn, noch nie ge - hört und nie ge - sehn.

Je - der zu-ge - stehn, das wird mir Je - der zu - ge - stehn.

son - dern Werth, ein Je - des hat be - son - dern Werth.

Mad. Herz. Ich bin die er-ste Sänge-rin, ich bin die

Madem. Silberklang. Ich bin die er-ste Sänge-rin,

er-ste! ich! ich! ich
ich bin die er-ste! ich! ich bin die

cresc.
sf
f p

bin die er-ste Sän - - ge-rin.
er-ste, die er-ste Sän - - ge-rin.

Mons. Vogelsang. Ei, ei, was wollen Sie sich erst ent-rü-sten, mit ei-nem lee-ren Vor-zug

cresc.

Mich lobt ein Je - der, der mich hört, mich lobt ein

Mich lobt ein Je - der, der mich hört, mich lobt ein Je - der, der mich

brüsten?

*f*   *f*   *p*   *f*   *p*   *f*   *p*   *f*   *p*

Je - der, ein Je - der, ein Je - der!    mich!

hört, ein Je - der, ein Je - der!    mich!    mich!

Ei,

*cresc.*

mich!

Mons. Vogelsang.

ei, ein Je - des hat be - son - dern Werth, ein Je - des hat be - son - dern Werth.

*p*     *cresc.*     *f*

Alagio.
Mad. Herz.
A - da - gio, a - da - gio, a - da - gio, a - da - gio, a -
p
da - gio, a - da - gio!
mf
p
Allegro assai.
Madem. Silberklang.
Al - le - gro, al - le - gris - si - mo, al - le -
p
- gro, al - le - gris - si - mo, al - le - gro, al - le - gris - si - mo!
Mons. Vogelsang.
Pian pia - no, pia -
cresc.
f
p

**Mad. Herz.**

Wohl -

ta - deln, es setzt die Kunst zu sehr her - ab.

an! Nichts kann die Kunst mehr a - - dein, ich steh' von mei-ner Ford'rung

**Madem. Silberklang.**

Ganz recht! Nichts kann die Kunst mehr a - - deln, ich

ab, ich steh', ich steh' von mei-ner Ford'rung ab.

ste - he e - ben-falls nun ab, von mei-ner Ford'rung ab.

**Mons. Vogelsang.**

Kein Künst-ler muss den an-dern

Wohl-an! Nichts kann
Ganz recht! Nichts kann
ta
die Kunst mehr a-deln, nichts kann die Kunst mehr a
die Kunst mehr a-deln,
-deln, den an-dern ta-deln,
staccato

mei - - ner Ford'- rung ab, ich steh' von mei - - ner Ford'- rung

e. - - ben-falls nun ab, ich ste -he e - - ben-falls nun

Künst-ler muss den an-dern ta-deln, nein! es setzt die Kunst zu sehr her-

*fp*    *f*    *p*

ab.    (leise zu Madam. Silberklang)
Ich bin die er - ste!

ab.

ab, kein Künstler muss je ta - deln, es setzt die Kunst zu sehr her-

(laut)    (leise)    (laut)
Wohl - an! Nichts kann die Kunst mehr a - deln, mich lobt ein Je - der, ich

(leise zu Mad. Herz)    (laut)
Ich bin die er - ste!    Ganz recht! Nichts kann die Kunst mehr

ab, ___ kein Künstler muss den an - dern ta - deln, es

steh von mei - - ner Ford'- rung ab, ich bin von Kei-ner, bin von Kei-ner zu er-
a - - deln, mich lobt ein Je - der, ich ste - he e - ben - falls nun
setzt die Kunst zu sehr her - ab, es setzt, es

Tempo I.

rei-chen.
ab, ich bin von Kei-ner, bin von Kei-ner zu er - - rei-chen. Ich bin die er - ste
setzt die Kunst zu sehr her - - ab.

Tempo I.

Ich bin die er-ste Sän-ge-rin! ich bin die er-ste!
Sän-ge-rin! ich bin die er-ste! ich!

fp  fp  fp  fp  fp  cresc.

6776

er - ste! ich bin die er-ste,bin die er-ste,bin die er - ste Sängerin! A

bin die er - ste! ich bin die er-ste,bin die er-ste,bin die er - ste Sängerin!

**Mons. Vogelsang.**

Ei, ei, pia - - no,

da - - - gio, a - - da - - -

Al - le-gro,alle-gris - si-mo, al - le - gro,

pia - no, pian pia - no, pia - - no, pia - - -

Peters.

6776

- - - gio.n - - - da - gio.
al - le-gris - si - mo.
no, _____ pia - nis - si - mo,
Ich bin die er-ste Sän-ge-rin!
Ich bin die er-ste
pia - no,

Sän-ge-rin! ich bin die er-ste!
ich bin die er-ste!
pia - no, ca - lan - do, man - can - do, di - mi - nu - en - do, de - cre-

ich!
ich!
scen-do, pian pia - no, pia - nis - si - mo, pia - nis - si - mo, pia - nis - si - mo.

pp

## Schlussgesang.

**Madem. Silberklang.**

Je-der Künst-ler strebt nach Eh-re, wünscht der ein-zi-ge zu sein,

je-der strebt, je-der wünscht der ein-zi-ge zu sein; und wenn die-ser Trieb nicht

wä-re, blie-be je-de Kunst nur klein, und wenn die-ser Trieb nicht wä-re, blie-be

je - de Kunst, blie-be je - - - - de Kunst nur

Mad. Herz.

Künst-ler müs-sen frei-lich stre-ben, stets des Vor-zugs wei

Madem. Silberklang.

klein. Künst-ler müs-sen frei-lich stre-ben, stets des Vor-zugs we

Mons. Vogelsang.

Künst-ler müs-sen frei-lich stre-ben, stets des Vor-zugs we

selbst den Vor-zug ge-ben, ü - ber An-dre sich er - he-ben, m

selbst den Vor-zug ge-ben, ü - ber An-dre sich er - he-ben, m

selbst den Vor-zug ge-ben, ü - ber An-dre sich er - he-ben, m

klein, macht den gröss - ten Künst-ler klein.

klein, macht den gröss - ten Künst-ler klein.

klein, macht den gröss - ten Künst-ler klein.

**Mons. Vogelsang.**

keit rühm'ich vor al-len an-dern Tu-gen-den uns an, denn das Ganze muss ge-

fal-len und nicht bloss ein einzl-ner Mann; Ei-nig-keit rühm' ich vor al-len an-dern

Tu-gen-den uns an, denn das Ganze muss ge-fal-len und nicht bloss ein

einzl--ner Mann, und nicht bloss ein einzl--ner Mann.

**Mad. Herz.**

Künst-ler müs-sen frei-lich stre-ben, stets des Vor-zugs werth zu sein; doch sich

**Madem. Silberklang.**

Künst-ler müs-sen frei-lich stre-ben, stets des Vor-zugs werth zu sein; doch sich

**Mons. Vogelsang.**

Künst-ler müs-sen frei-lich stre-ben, stets des Vor-zugs werth zu sein; doch sich

34

selbst den Vor-zug ge-ben, ü - ber An-dre sich er - he-ben, macht den

selbst den Vor-zug ge-ben, ü - ber. An-dre sich er - he-ben, macht den

selbst den Vor-zug ge-ben, ü - ber An-dre sich er - he-ben, macht den

gröss-ten Künst-ler klein, macht den gröss-ten Künst-ler klein.

gröss-ten Künst-ler klein, macht den gröss-ten Künst-ler klein.

gröss-ten Künst-ler klein, macht den gröss-ten Künst-ler klein.

**Mad. Herz.**

Je - - des lei - ste— was ihm ei - gen,

hal - - te Kunst— Na-tur— gleich werth, hal-te Kunst— Na-

Edition Peters.

6776

tur— gleich werth. Lasst das Pu-bli-cum dann zei-gen, wem das

gröss-te Lob ge-hört, wem das gröss - - - te Lob ge-hört, lasst das

Pu-bli-cum dann zei-gen, wem das gröss - - - - te, gröss - -

- - - - - - - te Lob ge-hört.

**Mad. Herz.**

Künst-ler müs-sen frei-lich stre-ben, stets des Vor-zugs werth zu sein; doch sich

**Madem. Silberklang.**

Künst-ler müs-sen frei-lich stre-ben, stets des Vor-zugs werth zu sein; doch sich

**Mons. Vogelsang.**

Künst-ler müs-sen frei-lich stre-ben, stets des Vor-zugs werth zu sein; doch sich

selbst den Vor-zug ge-ben, ü - ber An-dre sich er - he-ben, macht den

selbst den Vor-zug ge-ben, ü - ber An-dre sich er - he-ben, macht den

selbst den Vor-zug ge-ben, ü - ber An-dre sich er - he-ben, macht den

gröss-ten Künst-ler klein, macht den gröss - ten Künst - ler klein.

gröss-ten Künst-ler klein, macht den gröss - ten Künst - ler klein. **Buff.** (Bass.)

gröss-ten Künst-ler klein, macht den gröss - ten Künst - ler klein. Ich bin

**Buff.**

hier un-ter die-sen Sän-gern der er-ste Buf-fo, das ist klar, der er-ste

Buf-fo, das ist klar: Ich hei-sse Buff, ich hei-sse

Buff; nur um ein O brauch' ich den Na-men zu ver-
län-gern, so heiss' ich oh-ne Streit: Buf-fo! Er-go
bin ich der er-ste Buf-fo. Und dass wie ich Keins sin-gen
kann, sieht man den Her-ren doch wohl an, sieht man den Her-ren doch wohl an.
cresc.
Mad. Herz.
Künst-ler müs-sen frei-lich stre-ben, stets des Vor-zugs werth zu sein; doch sich
Madem. Silberklang.
Künst-ler müs-sen frei-lich stre-ben, stets des Vor-zugs werth zu sein; doch sich
Mons. Vogelsang.
Künst-ler müs-sen frei-lich stre-ben, stets des Vor-zugs werth zu sein; doch sich

selbst den Vor-zug ge-ben, ü - ber An-dre sich er - he-ben, macht den grössten Künst-ler

selbst den Vor-zug ge-ben, ü - ber An-dre sich er - he-ben, macht den grössten Künst-ler

selbst den Vor-zug ge-ben, ü - ber An-dre sich er - he-ben, macht den grössten Künst-ler

klein, macht den gröss-ten Künst-ler klein, macht den gröss-ten Künst-ler klein, macht den

klein, macht den gröss-ten Künst-ler klein, macht den gröss-ten Künst-ler klein, macht den

klein, macht den gröss-ten Künst-ler klein, macht den gröss-ten Künst-ler klein, macht den

gröss-ten Künstler klein, macht ihn klein, macht ihn klein.

gröss-ten Künstler klein, macht ihn klein, macht ihn klein.

gröss - ten Künstler klein, macht ihn klein, macht ihn klein.

# Das Bändchen.

Andante sostenuto.

**5.**

Erste Stimme.  Zweite Stimme.

Lie-bes Man-del, wo ist's  Bandel? Drin im

Leuch-te mir,  leuch-te mir!

Zimmer glänzt's mit  Schimmer.  Ja,  ja,  ja,  ja, ich bin schon

hier_____ und bin schon  da.  Ei! was  Teu-fel, thun dö

Dritte Stimme.

Zweite Stimme.
su-chen, ein Stück Bro-del? od'r ein Ku-chen? Hast es
cresc.
f
p
Nein, geh weg!
schon? Nu nu nu nu nu nu nu nu! Das ist zu
Dritte Stimme
Nu nu nu nu nu nu nu nu!
keck! das ist zu keck! Lie-be Leu-te; darf ich's
f
p
Erste und zweite Stimme.
Marsch! weg!
wa-gen, was ihr sucht, euch zu be-fra-gen? Ei pfui! ei pfui! Ich bin so a gut-her-zig's
p

Itzt geh! itzt geh!

Dingerl, könnt's mi umwinden um a Fingerl! A nöt, a nöt! Schaut's, ich wett', ich kann euch

*f*    *p*

Unser Landsmann, unser Landsmann, unser Landsmann, unser

die-na, denn ich bi a ge-bor-ner Wie - na,   ha   ha   ha   ha   ha

*cresc.*    *f*

Landsmann? ja, dem muss ma nichts ver - heh-len,    son-dern al - les klar er -

ha!      Ja, das glaub ich!

*p*

zäh - len, ja, dem muss ma nichts ver - heh - len, son - dern al - les klar er -

Nu!    lasst ein - mal hö - - ren!    lasst

zäh - len, ja dem muss ma nichts ver - heh - len, son - dern al - les klar er -

hö - - ren! nu, so lasst hö - - ren! ei ver -

*cresc.*

zäh - - len. Nur Ge - duld! Nur Ge -

flucht! lasst ein - mal hö - ren, od'r ihr könnt's euch al - le zwei zum Teu - fel

*f*

duld, stren - ger Her - re! wir su - chen's schö - ne Ban - del!

sche - ren! S'Ban - del?

*p*

Lie - ber Jung, aus Dank - bar -

hm! nu, da hab' ich's ja in mein Han - del. Halt's die Zung'!

*f* *p*

werd' ich dich lie - - - ben al - le - zeit. Lie - ber

Zeit, es ist schon spat, i muss noch weit!

nus Dankbar - keit werd' ich dich lie - - - ben al - le -

ng"! i hab nicht Zeit, es ist schon spat, i muss noch

Wel - che Won - ne, ed - le Son - ne, wel - che Won - ne, ed - le

Wel - che Won - ne, ed - le Son - ne, wel - che Won - ne, ed - le

z'leb'n in wah - rer a - - mi - - ci - ti - a! und das

z'leb'n in wah - rer a - mi - ci - ti - a!

schö-ne Ban - del ha-mer a, und das schö - ne Ban-del ha-mer a,
und das schö-ne Ban-del ha-mer a, und das schö - ne Ban-del ha-mer a,
ha-mer a, und das schö - ne Ban - del ha-mer a,
ha-mer a, und das schö - - ne Ban - del ha-mer a,
ha-mer a, und das schö - ne Ban-del ha-mer a, z'leb'n in wah - rer a - mi-
ha-mer a, und das schö - ne Ban-del ha-mer a, z'leb'n in wah - rer a - mi-
ci-ti - a! und das schö - ne Ban-del ha-mer a, das schö-ne, schö-ne, schö-ne
ci-ti - a! und das schö - ne Ban-del ha-mer a,

-del, Ban - - del ha - - - mer
und das schö - ne Ban-del, Ban-del, Ban-del ha-mer
schöne Bandel, Bandel, Bandel, Bandel, Bandel, Bandel, Bandel, Bandel
und das schö-ne
- - mer a, ha - mer
del, Ban-del, Ban-del, Ban-del, Ban-del, Ban-del ha-mer a, ha - mer
a, ja! wir habn's, wir habn's, ja!
a, ja! wir habn's, wir habn's, ja!

Edition Peters, Leipzig
Bestell-Nr. 2184
Lizenz-Nr. 415-330/266/74
Druck: Interdruck · Grafischer Großbetrieb, Leipzig · III/18/97
Printed in GDR

www.ingramcontent.com/pod-product-compliance
Lightning Source LLC
Chambersburg PA
CBHW021556270326
41931CB00009B/1250